Mitología Nórdica

Cuentos ancestrales del panteón nórdico

Adam Andino

Contenido

Introducción: Breve historia de la mitología nórdica

Aunque los contrastes de las distintas mitologías podrían destacarse y debatirse fácilmente, el propósito de los mitos en todas las culturas es el mismo. Lo que ahora llamamos mitología fue una vez religión, y las historias de la religión se utilizaban para enseñar moral, para explicar diferentes fenómenos y también para entretener. La religión era, y sigue siendo en muchas sociedades y marcos de gobierno actuales, predominante. Desde el principio de la civilización, los humanos siempre se han sentido fascinados por las maravillas del mundo y por lo que no podía explicarse; de ahí que la introducción de las religiones y las maravillas del más allá se apoderaran de la humanidad en sus múltiples formas. La mitología, o religión, a la que se dedica este libro es especialmente fascinante: la mitología nórdica.

Los vikingos

El pueblo que creía en el panteón nórdico era conocido como los vikingos, originarios de los actuales países de Noruega, Dinamarca, Islandia y Suecia. Reinaban en los mares y tierras que iban desde América del Norte, Groenlandia e incluso hasta Bagdad. Su imperio se expandió y rivalizó incluso con el gran Imperio Romano. Durante la Era Vikinga, entre los años 800 y

1100 d.C., se expandieron y buscaron riquezas a través del oro, la plata, las piedras preciosas y la tierra.

Pueblos germánicos y anglosajones

Los germanos también formaron parte de la cultura vikinga. Dado que la era vikinga abarcó gran parte de las regiones del norte de Europa, incluidas las Islas Británicas y las regiones superiores de los Alpes continentales, las tribus más pequeñas de los pueblos indígenas se mezclaron a menudo con anglosajones y vikingos. Aunque muchas de sus tradiciones podrían haber reflejado los mismos principios e ideologías de los mitos nórdicos, cada tribu podría haber poseído su propia forma única de paganismo. Sin embargo, debido a la escasa población de la tribu y a menudo al analfabetismo, estos mitos se perdieron con el tiempo y el cristianismo.

Tradiciones orales

Los vikingos hablaban en una lengua conocida como nórdico antiguo, con runas como forma escrita. Mucho antes de que los vikingos escribieran sus tradiciones, mitos y leyendas, hablaban de sus historias en forma de narración oral y practicaban su religión adorando a los dioses de forma "tradicional". No había muchos templos elaborados ni otros lugares de culto, sino que se rendía culto a los dioses principalmente en el hogar, y las historias se transmitían de generación en generación. Esto no difiere mucho de las prácticas familiares en lo que respecta a la religión, la vida doméstica y los días de celebración.

No se sabe mucho sobre la mitología nórdica en sí. Sólo hay un puñado de textos que han sobrevivido a la época. Los textos que lograron sobrevivir son poemas y sagas. Los textos *Edda Poética* y *Edda en Prosa* eran una colección de poemas basados en las mitologías de los vikingos, junto con las sagas, que describían las vidas de reyes escandinavos y héroes germánicos como *Beowulf*. Las pequeñas colecciones disponibles se escribieron a mediados de la era vikinga o justo después, durante la Edad Media.

También es importante señalar que los textos religiosos escritos durante la Edad Media sobre la época vikinga podrían haber tenido una influencia cristiana. Algunos de los mitos e historias de origen se parecen a algunas de las fábulas de las mitologías cristianas. Estos textos se escribieron en una época en la que el cristianismo se esforzaba por convertir en creyentes a todos los que podía, por lo que se podrían haber presentado historias similares a las de los vikingos como táctica de conversión.

La introducción del cristianismo

La introducción del cristianismo y su dominio tardaron muchos años en erradicar por completo la era precristiana de las mitologías religiosas. Antes de que el cristianismo luchara y ganara el dominio de las religiones, las creencias cristianas en Dios y Jesús se integraron en el saber popular de la mitología nórdica. Esto era similar al panteón romano, que también estableció nuevas deidades inspiradas en las historias cristianas y fusionó las deidades cuyos puntos de vista religiosos eran diferentes. Los vikingos solían creer en ambas mitologías.

Con el tiempo, el cristianismo condujo a la caída de la era vikinga, como ocurrió con tantas instituciones anteriormente paganas. Alrededor del año 1000, el cristianismo se convirtió en la religión nacional de Islandia, y el resto de los países europeos siguieron su ejemplo. Una vez que la Edad Media llegó a Europa, la historia se desvaneció en la oscuridad hasta el Renacimiento, que comenzó a principios del siglo XV.

Durante la creciente aniquilación de las sociedades paganistas, gran parte de las escasas historias y mitologías germánicas fueron destruidas en un intento de convertir a los paganos al culto cristiano. Muchas de las prácticas paganas de los anglosajones, así como de los vikingos, fueron proscritas a medida que el cristianismo pasaba al primer plano de los reinos y gobiernos unificados.

Vida cotidiana para los vikingos

Los dioses, al igual que en otras mitologías, influyeron en la vida cotidiana de los pueblos germánicos y nórdicos. La percepción que se tiene de los vikingos en la memoria moderna es la de una vida marinera y dura que era la norma. Aunque existen pruebas de ello, la vida de la mayoría de los vikingos giraba en torno a la agricultura y el hogar. Los sexos estaban divididos: las mujeres se dedicaban al hogar, confeccionando ropa, cocinando y preparando alimentos, y cuidando de los animales de granja, como ovejas y vacas; los hombres se encargaban de arar los campos, sembrar las cosechas y rotar los cultivos.

En las aldeas más pobladas también había oficios especializados, como la herrería, que a menudo se utilizaban a cambio de alimentos. La hambruna y las incursiones eran frecuentes en la época de los vikingos y afectaban a todos. Incluso los más ricos y prestigiosos se veían afectados por las enfermedades y el hambre.

Las costumbres de los vikingos

Los vikingos no tenían una religión organizada propiamente dicha. Existían algunos lugares de culto como templos y salones para que la gente se reuniera para celebraciones y sacrificios, pero no se parecían a los templos tan elaborados como, por ejemplo, los griegos y romanos. En su lugar, tenían lugares específicos dedicados a una deidad determinada, como una arboleda. Se celebraban actos relacionados con la comunidad, como sacrificios en caso de guerra, hambruna e incluso bodas. A menudo se sacrificaban humanos y animales cuando los vikingos creían que habían disgustado a los dioses.

Las costumbres implantadas en relación con los dioses eran más personales y familiares que una religión central y rígida. Aunque en general todos creían en los dioses y en los mitos que los acompañaban, en los textos históricos se describía que los vikingos y otros pueblos germánicos tenían vínculos personales con ciertos dioses y diosas.

Aunque aún se conservan mitos y leyendas del panteón nórdico, hay muchos agujeros y mensajes enrevesados en las historias. Los textos históricos se escribieron para un público que conocía la información previa y la cronología de las deidades y leyendas. Las historias de estas deidades carecen también de un orden cronológico, y no siempre está claro si el Mito A ocurrió antes que el Mito B o viceversa. El saber popular puede resultar muy confuso y complicado, pero la intriga de los mitos nórdicos ha perdurado durante siglos y es tan fascinante que ha inspirado innumerables libros, programas de televisión y películas.

En el próximo capítulo, los dioses y diosas del panteón nórdico recibirán su debida presentación.

Capítulo 1: Los dioses principales

Odín. Thor. Loki. Gracias a la saga de cómics y películas *Vengadores* de Marvel, los aficionados han renovado su interés por conocer mejor la mitología nórdica. Stan Lee, el creador de Marvel Comics, se tomó libertades creativas e ideologías de los mitos y leyendas y las utilizó para contar historias convincentes sobre el bien y el mal. Otra obra de ficción popular que se inspiró en el panteón nórdico fue la trilogía de *El Señor de los Anillos*, de J. R. R. Tolkien, con elfos, enanos y magia. La renovación de los superhéroes en el cine y otros medios de ficción ha provocado un resurgimiento de la gente que quiere saber más sobre las mitologías de los pueblos nórdicos.

Al igual que ocurre con muchos relatos ficticios, existen grandes incoherencias en los detalles de los personajes del universo Marvel, como que algunos personajes sean intrínsecamente buenos o malos. En los mitos reales de la mitología nórdica, las realidades no eran tan blancas y negras.

Deidades Aesir

Hay dos subconjuntos de dioses en el panteón nórdico: Aesir y Vanir. Ambos subconjuntos de estas deidades eran poderosos y temibles, pero no pueden designarse simplemente como "buenos" o "malos". Las deidades Aesir vivían en Asgard, uno de los nueve reinos del universo, con el dios principal Odín. Este reino era el lugar con más sol y las ramas más altas de un árbol conocido como Yggdrasil. Yggdrasil era el centro de los nueve cosmos de la mitología nórdica, con Asgard como su rama suprema. El árbol de la vida se tratará con más detalle en el Capítulo 3: Orígenes de los dioses.

Abajo están los dioses en orden alfabético que fueron asociados con esta tribu de dioses y diosas.

Baldur: El dios pacífico

Baldur (o Baldr según algunos textos y traducciones) era uno de los dioses más pacíficos de Asgard. Era venerado tanto por los dioses como por los hombres por su sabiduría, atractivo y capacidad para mantener la paz. Baldur era hermano de Thor e hijo de Odín y Frigg, el rey y la reina del reino. Rezumaba confianza en sí mismo, lo que le llevaba a ser a menudo el mediador entre los humanos y los dioses a los que respondían. Muchos estudiosos suelen compararlo con el dios griego y romano Apolo, que también era conocido por su extraordinaria belleza y encanto.

La eventual muerte de Baldur condujo a los dioses a un acontecimiento conocido como Ragnarok, o el fin de la era de los dioses. Se predijo que Baldur moriría debido a la participación de Loki, el dios embaucador.

Bragi: El Dios de la Poesía

Aunque no era un dios importante en sí, Bragi era el dios de la poesía y un bardo de la corte de Odín en el Valhalla. En los textos precristianos, se especulaba con que Bragi fue una vez un mortal con afinidad por la poesía, y que aquellos que morían y llegaban al Valhalla necesitaban un bardo para cantar sus nobles cuentos e historias. También se decía que el dios era quien acogía a las almas del mundo mortal en el Valhalla. Por si fuera poco, también se creía que el dios era el esposo de Idun, la diosa responsable de la inmortalidad de los dioses.

Sin embargo, según algunos de los textos registrados sobre mitología nórdica durante la Edad Media, se consideraba que Bragi no era un dios doméstico y, por tanto, no se le rendía culto como tal en el panteón nórdico. Existen muchos malentendidos y conceptos erróneos sobre esta deidad en particular, debido a la falta de textos religiosos que sobrevivan de la Era Vikinga.

Frigg: Reina de los Dioses y Diosa del Matrimonio

Frigg, reina de los dioses y esposa de Odín, gobernaba los nueve reinos. Estaba especializada en el matrimonio, la maternidad, la profecía y la sabiduría. Aunque Odín y ella tuvieron muchos hijos juntos, su hijo más famoso fue Baldur, el dios de la paz. Frigg era la segunda al mando después de Odín y era la única, aparte de él, a la que se le permitía sentarse en el trono. A menudo se la comparaba con Hera o Juno, las reinas griega y romana de los dioses, pero no era celosa, sino que tenía un comportamiento tranquilo que era muy respetado.

Se creía que la diosa de la profecía había visto la muerte de su hijo y el fin de los dioses mucho antes de que los acontecimientos se pusieran en marcha.

Heimdall: el guardián de los reinos

Heimdall era el guardián de los reinos y las puertas de Asgard debido a su increíble fuerza y vista. Se creía que nada era capaz de eludirle, especialmente aquellos que intentaban entrar en el reino. Era rápido e intrépido, rasgos que también le valieron el puesto de guardián.

Idun: Diosa de la Belleza

Idun era la diosa de la fertilidad, la belleza y la juventud. Cultivaba las manzanas doradas que los dioses utilizaban para obtener el poder de la inmortalidad. Todos los dioses querían contar con su favor para poseer el brillo juvenil y la energía que los sustentarían durante miles de años. A menudo se la compara con las diosas griega y romana Afrodita y Venus, pero no se sabe mucho más de ella, salvo que era la esposa de Bragi. Lamentablemente, gran parte de lo que se sabe de ella carece de contexto, por lo que sigue siendo un misterio.

Loki: el dios del engaño

Uno de los dioses más conocidos de los mitos y leyendas nórdicos. Conocido como el dios embaucador, también era el dios del fuego y un cambiaformas que podía transformarse en cualquier criatura y género. Loki era un personaje extraño pero astuto, que siempre actuaba en beneficio propio y para divertirse. Las películas y los cómics de Marvel lo presentaban como el hermano adoptivo de Thor, cuando en realidad se le consideraba un compañero o un perjuicio para los dioses.

El dios del engaño a menudo tenía problemas con los dioses Aesir y con sus enemigos. Ayudó a rescatar a Idun de los gigantes, pero también mató a Baldur, provocando así el comienzo del Ragnarok. Loki era hijo de una madre desconocida y de un padre que era un gigante llamado Farbauti. Curiosamente, Loki no era considerado ni un dios doméstico ni siquiera uno digno de seguidores. Tal vez fuera la culminación de todas sus artimañas y de su abierta burla de los dioses Aesir.

Loki era representado como un dios o incluso posiblemente como un gigante; ni siquiera los textos se ponían de acuerdo sobre cuál era la verdadera forma de Loki. Sin embargo, Loki tuvo muchos hijos con diferentes criaturas como Fenrir, Jormungand y Sleipner. Hablaremos más sobre los hijos de Loki en el próximo capítulo, en el que hablaremos de las criaturas y monstruos de los mitos nórdicos.

Odín: Rey de los Dioses y Dios Cuervo Tuerto

Odín, el dios de los miles de epítetos y nombres, era el rey y soberano de Asgard y los nueve reinos. También conocido como "el Todopoderoso", era el dios de la poesía, la muerte, la guerra e incluso la magia. Gobernó Asgard con su esposa Frigg y tuvo a sus hijos Thor y Baldur. Podría compararse fácilmente con Zeus o Júpiter, los reyes griegos y romanos de los dioses. Sin embargo, era mucho más complejo que estos últimos dioses adúlteros.

Odín destacaba por llevar un parche en el ojo después de sacrificarlo en busca de más sabiduría. Era un buscador del conocimiento y la sabiduría, y a menudo salía de Asgard en busca de más conocimientos. Era uno de los dioses más complejos y enigmáticos del panteón nórdico, con rasgos como ser a la vez un dios benevolente y un conquistador despiadado con poca consideración por los temas de justicia o equidad. Al igual que Loki, sólo le interesaba la forma de superarse a sí mismo.

La yuxtaposición de estos rasgos en este dios es una de las razones por las que era venerado por todos. No sólo era la deidad más poderosa de los nueve reinos, sino que su fría actitud hacia la justicia imponía el respeto de todos. En los próximos capítulos habrá más mitos en torno a Odín.

Thor: El Dios del Martillo

Con su fiel martillo Mjolnir, Thor gobernaba los cielos como dios del rayo y el trueno. Era el hijo más infame de Odín, más famoso que su hermano Baldur, por su fuerza y valor superiores. Los guerreros vikingos solían citar a Thor como su inspiración por su crueldad y valentía en la guerra. Todo guerrero humano aspiraba a ser como él y reunirse con él en el Valhalla.

La inmensa fuerza de Thor se debía a que era hijo de Odín, medio gigante, y su madre era una gigante llamada Jord. Thor era considerado el protector de los reinos, especialmente de Midgard, que es el reino donde existen los humanos. Sentía debilidad por las mujeres mortales y a menudo utilizaba su físico en su beneficio.

Thor podría compararse fácilmente con el semidiós romano Hércules sólo por su fuerza y físico incomparables. Pero ahí acaban las similitudes. Thor también se casó con Sif, su esposa, de la que rara vez se habla, que tenía el pelo dorado y se convirtió en la diosa de la fertilidad y la agricultura. También se profetizó la desaparición de Thor en el Ragnarok, donde él y Jormungand se destruirán mutuamente.

Tyr: El dios de la guerra

El último dios del panteón Aesir de la mitología nórdica era Tyr, el dios nórdico de la guerra. En contraste con su especialidad, el dios de la guerra era notoriamente justo y equitativo. Su brújula moral para la equidad no tenía parangón con la de los demás dioses. No participaba en la guerra a menos que fuera el último recurso, lo que contrastaba enormemente con sus homólogos Marte y Ares, los dioses romanos y griegos de la guerra. Su carácter encarnaba la necesidad de justicia, como se ilustrará más adelante en este libro, cuando hablemos del mito de Fenrir y Tyr.

Lamentablemente, el linaje de Tyr sigue siendo desconocido debido a la falta de mitos e historias relacionadas con él. Fue un dios muy poderoso e importante, pero desgraciadamente sobrevivieron pocos textos que contaran información sustancial sobre él.

Deidades Vanir

Las deidades Vanir eran aquellas que no reinaban en Asgard. Los dioses y diosas de este reino eran menos conocidos; no se había escrito demasiado sobre ellos. El otro aspecto que diferenciaba a las deidades Vanir de las Aesir era que poseían el conocimiento de la magia, y por lo tanto, eran enemigos formidables contra las deidades Aesir durante la Guerra Aesir-Vanir, que se tratará más a fondo en el Capítulo 9.

Freyja: diosa de la Magia

Freyja era hija del líder de los Vanir, Njord, y hermana gemela de Freyr. Era la diosa de la magia, la fertilidad y la lujuria. También se creía que la diosa era la razón de la introducción de la magia tanto de los Aesir como de los Vanir. A menudo se la representaba en su carro tirado por dos gatos. Al igual que Odín y el Valhalla, Freyja también era conocida por recibir a la mitad de los soldados caídos de Midgard en un reino conocido como Folkvangr, un lugar con campos dorados y paz. La diosa los recibía en el Sessrumnir o "sala de asiento".

Freyja tuvo dos hijas llamadas Geresmei y Hnoss con su marido Oor. Juntas, las cuatro gobernaban gran parte de la agricultura para los humanos, ya que ellas mismas cultivaban a los mortales.

Freyr: dios de la fertilidad

Hermano gemelo de Freyja e hijo de Njord, Freyr era el dios de la fertilidad, la riqueza y la tranquilidad. Se le consideraba el dios más benévolo; los marineros le rezaban a menudo para conseguir un pasaje seguro. También era el dios de la reproducción masculina, como representaban sus múltiples amantes, entre las que había diosas y gigantas. Se supone que una de estas diosas era su hermana Freyja.

Los vikingos solían sacrificar jabalíes, su animal favorito, para celebrar una buena cosecha o una boda. Como la riqueza venía en forma de tierras y cultivos, la abundancia de cosechas siempre iba seguida de expresiones de gratitud, como sacrificios al dios.

Njord: El dios del Mar y del Viento

Njord era el líder de los dioses Vanir y el soberano del viento y el mar. También era el dios de la riqueza y la fertilidad, así como de la navegación. Sus hijos gemelos eran Freyja y Freyr, también deidades de la riqueza y la fertilidad. Sin embargo, la especialidad y el amor principal de Njord era el mar e incluso fue el motivo de la separación de su esposa, la giganta llamada Skadi, que amaba las montañas como su hogar.

Aparte del mito entre él y Skadi, Njord sigue siendo un dios relativamente desconocido en las fuentes eruditas actuales debido a la falta de textos. Sin embargo, hay muchas pruebas de que Njord era un dios muy conocido y querido, basadas en artefactos y pruebas de cultos en su nombre.

Conclusión

Los mitos y leyendas que giran en torno a los dioses han sido objeto de intriga a lo largo de los siglos. Debido a las numerosas lagunas, incoherencias y falta de pruebas textuales del panteón, las deidades de los nueve reinos son enigmáticas.

Capítulo 2: Criaturas y monstruos nórdicos

Anteriormente se ha mencionado cómo la mitología nórdica ha inspirado el gran género fantástico, cuya joya de la corona es la trilogía de *El Señor de los Anillos* de J. R. R. Tolkien. Muchos ejemplos de ello son las razas legendarias de la trilogía, como los enanos y los elfos. Aunque *El Señor de los Anillos* sea, quizás, el ejemplo más famoso, este panteón ha inspirado a muchos autores y sus ideas fantásticas y argumentos que siguen siendo relevantes hoy en día.

Criaturas y monstruos

Las criaturas y monstruos del panteón nórdico eran una colección de razas y seres, cada uno de ellos procedente de distintos reinos del universo. No todas las criaturas se oponían a los dioses, y a veces se las consideraba una ayuda en los mitos.

Draugr

Los draugr eran esencialmente los zombis de los mitos nórdicos, una horda de muertos vivientes que se reanimaban para causar terror. Algunas historias indican que eran similares a los vampiros actuales, pero los textos los describen más como zombis. Su fuerza sobrehumana combinaba con su olor a carne en descomposición. Según los mitos, los draugr se alimentaban de carne humana y podían atravesar muros de piedra como si fueran fantasmas. Su principal objetivo era proteger sus tesoros y perseguir a aquellos que habían cometido atrocidades contra los draugr cuando aún eran mortales. Los draugr podían morir de dos formas: desmembrando y quemando el cuerpo, o si el propio cuerpo se descomponía demasiado.

Enanos

Los enanos representados en la mitología nórdica no eran los pequeños hombres que aparecen en los populares libros y películas de fantasía. Vivían en el reino de Svartalfheim, la tierra de los elfos negros. Este reino estaba situado en las profundidades de la tierra. Los enanos eran considerados inferiores en comparación con los hombres y los elfos. El mayor activo de los enanos era su capacidad de herrería, siendo su contribución más famosa Mjolnir, el martillo del poderoso Thor. Los enanos también crearon muchos otros artefactos del panteón, incluido un barco para Freyr.

Elfos

Los elfos vivían en Alfheim, el reino del dios Freyr. Eran altos y esbeltos, pero estaban en forma. Había dos ramas de elfos: los elfos claros, conocidos como Ljoslfar, y los elfos oscuros, conocidos como Dokkalfar. Se supone que los enanos y los elfos oscuros eran sinónimos; vivían bajo la tierra y en el mismo reino que los enanos, por lo que probablemente eran la misma cosa. Los elfos claros, en cambio, vivían en Alfheim con Freyr y posiblemente fueron la inspiración de muchos elfos de ficción. Los elfos de la luz eran considerados unas de las criaturas más bellas de la mitología, con cabellos dorados tan brillantes como el sol. No interactuaban mucho con los humanos, a menos que fuera para ayudar en caso de enfermedad o para causar enfermedades; básicamente, era lo que les apetecía hacer. Sin embargo, algunos elfos se apareaban con humanos y creaban seres medio elfos, medio humanos, con rasgos humanos y los poderes mágicos de un elfo.

Huginn y Muninn

Huginn y Muninn eran los dos cuervos de confianza de Odín. "Huginn" significaba "pensamiento" en nórdico antiguo, mientras que "Muninn" significaba "mente". Los dos cuervos eran los ojos y los oídos de Odín. Su principal tarea era volar por Midgard y recoger las noticias de la raza humana. Con los nombres que significan "pensamiento" y "mente", se especuló ampliamente que los cuervos eran la personificación de la expansión de su mente, lanzándola para seguir la pista de sus súbditos. También se decía que uno de los mayores temores de Odín era que sus amados cuervos no volvieran a él.

Fossegrim

Los fossegrim eran representados como espíritus del agua que tocaban el violín de la forma más bella, y parecidos a las sirenas actuales, menos la cola. A menudo, los fossegrim aparecían como hombres apuestos con poca o ninguna ropa. Llevaban a mujeres y niños a la orilla del agua y más allá, haciendo que se ahogaran. Los fossegrim también enseñaban a los hombres a tocar el violín si sacrificaban una cabra en su presencia. Dependiendo del tamaño de la cabra, la criatura enseñaba a los hombres a tocar tan bien como él, o les enseñaba a afinar el violín. Cuanto más gruesa y gorda era la cabra, más aprendían los hombres del espíritu.

Kraken

El Kraken, una de las criaturas más infames del panteón nórdico, aparecía a menudo interfiriendo en los barcos. Se creía que el Kraken era un enorme pulpo, un calamar o incluso a veces un cangrejo. Inspirado probablemente en los calamares gigantes de las profundidades oceánicas, se decía que el Kraken tenía el tamaño de una isla. Cuando un barco desprevenido se acercaba para atracar y explorar la "isla", se apoderaba de él, arrastrándolo a él y a la tripulación a las profundidades del océano, ahogándolos. También se reconocía que la criatura era tan masiva que su movimiento creaba remolinos, y éstos también hundían los barcos. El Kraken, después de matar a su presa, devoraba a los hombres que sucumbían ahogados.

Norns

Las Norns eran esencialmente las Tres Parcas, como en las mitologías griega y romana. Las tres Norns decidían el destino de cada criatura viviente; nadie podía escapar a su destino, ni siquiera los propios dioses. Las tres Norns eran ancianas ciegas que también eran las cuidadoras de Yggdrasil, también conocido como el Árbol de la Vida. Aunque cuidaban del árbol, estaba destinado a morir con el Ragnarok. Uno de los temas principales de la mitología nórdica era que, con el tiempo, todo acaba y deja de existir; es la regla natural de la ley que no se puede cambiar.

Ratatoskr

Ratatoskr era un ser parecido a una ardilla cuyo principal cometido era correr arriba y abajo por el Árbol de la Vida para entregar mensajes entre reinos. Sin embargo, lo que más le gustaba a la criatura era difundir cotilleos entre el águila Veorfolnir, que se sentaba en lo alto del Árbol de la Vida, y la serpiente Niohoggr, cuya guarida descansaba en las raíces del árbol. Se alude a que Ratatoskr quería que ambos seres lucharan entre sí y destruyeran el árbol.

Valquiria

La valquiria es quizá una de las criaturas más reconocibles de todos los mitos y leyendas nórdicos. Escritores y artistas por igual se han inspirado en la belleza de estas criaturas míticas. Las valquirias eran las ayudantes de Odín en las batallas de los hombres. Eran doncellas de gran belleza y nobleza que conducían al Valhalla a las almas muertas en la batalla. Sin embargo, su nombre en nórdico antiguo significaba "seleccionadora de los caídos". Estos hermosos espíritus femeninos no sólo transportaban a los caídos al Valhalla, sino que también elegían quién vivía y quién moría en la batalla.

Aunque la mayoría de las criaturas de esta sección del capítulo eran reconocibles, en cierto modo eran exclusivas de las mitologías nórdicas, con algunas excepciones. La siguiente sección de este capítulo describe a los hijos de Loki y las inusuales circunstancias de su concepción y nacimiento.

Los hijos de Loki

Los hijos de Loki y las criaturas que creó mediante el cambio de forma merecen un lugar propio en este capítulo. Cada uno de los tres descritos a continuación fue concebido en extrañas circunstancias: Fenrir, Jormungand y Sleipner. Cada monstruo y criatura eran únicos por derecho propio y rompieron las expectativas sobre el comportamiento entre dioses y mortales u otras criaturas.

Fenrir

Fenrir es quizá uno de los lobos más famosos de toda la mitología, muy cercano a la loba del mito de Rómulo y Remo sobre la fundación de Roma. Sin embargo, Fenrir no era una loba nutricia, sino el epítome de la destrucción y el poder de pesadilla. Era hijo de Loki y de una giganta llamada Angrboda.

Fenrir hizo una última aparición en el Ragnarok, que se describirá con más detalle en otro capítulo.

Jormungand

Jormungand era otro hijo encantador de Loki y la giganta Angrboda. Este monstruo adoptaba la forma de una serpiente gigante. Jormungand residía en Midgard con un cuerpo lo suficientemente grande como para envolver el mundo entero. Mantenía el mundo en su lugar y constreñido con poco espacio para moverse. En un arrebato de repulsión, Odín lo arrojó al océano, donde creció hasta alcanzar el tamaño de la propia Tierra.

El monstruo no era necesariamente nefasto para los humanos, pero despreciaba a los dioses. Su desenfrenada hostilidad hacia ellos, especialmente hacia su archienemigo Thor, se agitó en su interior durante miles de años.

Sleipner

Como el último de los hijos de Loki, Sleipner era una raza peculiar. Era el noble corcel de Odín, oscuro como la más negra de las noches y con ocho patas. Sleipner era considerado el mejor caballo de todos los reinos.

La historia del nacimiento de esta criatura consistía en Loki y el semental de un gigante llamado Svadilfari. Loki se había transformado en una yegua o caballo hembra y quedó preñado por el semental. Después de que Loki se quedara embarazado, cargó con Sleipner hasta que nació la criatura.

Conclusión

Los monstruos y criaturas de la mitología nórdica eran a menudo influencias tanto positivas como negativas para dioses y mortales. La idea de fenómenos de otro mundo e inexplicables influyó en la forma en que los vikingos expresaban sus miedos y sus esperanzas.

Ningún mito o leyenda está completo sin una historia de origen. Por ello, en el próximo capítulo se abordará la historia del origen del panteón de los dioses nórdicos.

Capítulo 3: Orígenes del panteón nórdico

Todas las historias necesitan un comienzo claro, y los vikingos así lo entendían. Los vikingos utilizaban la historia del origen de los dioses para explicar el universo y sus criaturas. En la época de los vikingos, no había forma de entender el universo de la misma manera que los humanos modernos. Con este principio en mente, era necesario no sólo explicar los orígenes de los hombres, sino enseñar lecciones de mortalidad a través de la misma historia.

Algunos aspectos del mito presentan similitudes con otros relatos europeos sobre el origen, como el griego sobre Zeus. Aunque las historias guardan paralelismos con otros mitos antiguos, otros aspectos, como las criaturas y los monstruos, son exclusivos de la tradición vikinga.

El tiempo antes de los dioses

Antes de que existieran los dioses, los hombres y otras criaturas, había un vacío en el universo. Este universo entero tenía tres partes principales: Niflheim, Ginnungagap y Muspelheim. Los tres reinos distintos de este universo estaban conectados por un árbol singular. Cada uno de ellos desempeñaba un papel en la existencia de los nueve reinos.

Niflheim

Niflheim era el extremo más septentrional del universo, con su aire gélido y sus placas de hielo sólido. Era un lugar sombrío y sin vida. No podía sustentar la vida, ni siquiera con su inmensa reserva de agua congelada en el hielo. Sin embargo, un arroyo llamado Hvergelmir corría por el extremo sur del reino; el hielo se fundía en doce arroyos helados. Estos arroyos acabaron combinándose para formar los ríos de Gjol, que desembocaron en el reino de Ginnungagap.

Ginnungagap

Ginnungagap era el reino situado en el centro. Su nombre significa "abismo profundo y oscuro", por lo que al principio no había forma de sustentar la vida. Sin embargo, el abismo se redujo cuando las aguas de Gjol llenaron el vacío de Ginnungagap. El agua mezclada con las capas de hielo goteó hacia Muspelheim, creando la energía y el clima necesarios para sustentar la vida.

Yggdrasil

Con este nuevo clima próspero creció un árbol en medio de Ginnungagap. El árbol era conocido como el Árbol de la Vida, o Yggdrasil. Sus raíces y ramas alcanzaban los nueve reinos y el cosmos que los rodeaba, conectando todos los reinos en un lugar central. En el lenguaje rúnico nórdico antiguo, se decía que el árbol era un fresno, pero los eruditos han debatido que nadie sabía exactamente la especie de árbol que era.

Muspelheim

Muspelheim era el reino más caliente del cosmos. También conocido como la tierra del fuego, Muspelheim era la razón de los ríos que habían empezado a fluir en Niflheim. A medida que el hielo se derretía, goteaba hasta la tierra del fuego, que luego chisporroteaba y formaba niebla. La niebla y el vapor se arremolinaron alrededor de Ginnungagap, dando lugar al primer ser vivo.

Los primeros seres

Cuando las chispas hicieron que el vapor, la niebla y las motas de escarcha giraran alrededor de Ginnungagap, éste empezó a crear una nueva forma. Dentro de esta forma estaba el primer gigante de escarcha, o Jotunn, llamado Ymir, el primer ser vivo.

Ymir

Tras la creación de Ymir, éste durmió durante eones; mientras dormía, el sudor de sus axilas y la carne de sus piernas dieron lugar a otros tres Jotunn. Sus corazones estaban plagados de crueldad y maldad, y por ello, fueron los enemigos finales de los dioses.

La vaca primordial y los dioses

Después de la creación de Ymir y sus hijos, se formó también una enorme vaca llamada Audhumla. Lamía el hielo mientras amamantaba a Ymir y a su familia de gigantes. Se cansó del sabor a nada del hielo y la nieve. Mientras lamía, encontró roca sólida debajo. Atraída, continuó lamiendo el hielo hasta que dos días después otra forma comenzó a formarse. El rostro de otro ser se hizo visible.

En la mañana del tercer día, Audhumla lamió la forma del primer ser divino. Era atractivo, bondadoso y poderoso. Se llamaba Buri, y al vislumbrar su nuevo mundo y a los gigantes, reconoció su naturaleza malvada.

Con el tiempo, Buri se convirtió en padre de dos niños, un hijo llamado Borr y una hija llamada Bestla. En algunas traducciones y versiones, se consideraba que Bestla era hija de Ymir, nacida del sudor de las axilas de su padre. Por lo tanto, todos los dioses tenían la presencia de gigantes en su interior a medida que avanzaban en sus linajes.

Gigantes contra dioses

Borr y Bestla se casaron y tuvieron tres hijos juntos conocidos como Vili, Ve y Odín. Vieron cómo los gigantes gobernaban los reinos con puño poderoso y crueldad a cada paso. En una revolución, los tres hijos de Buri y Bestla mataron a los Gigantes de Hielo tras soportar muchos años bajo el cruel dominio de los gigantes.

Formación de los Nueve Reinos

Ymir fue el primero en caer del Jotunn. Mientras yacía muerto en medio del Ginnungagap, su cuerpo se extendió por todos los reinos. Su sangre brotó de sus heridas, creando enormes ríos torrenciales, que ahogaron al resto de los gigantes de hielo, excepto a unos pocos, que pudieron continuar la línea de los gigantes, también conocidos como los Jotnar, por el pueblo nórdico.

Montañas de huesos

Después de que Ymir cayera muerto en el centro del universo, su cuerpo abarcaba todo el cosmos. Odín y sus hermanos decidieron utilizar el cuerpo como cimiento del nuevo mundo. A partir de ese momento, los hermanos desmantelaron el cuerpo del otrora temible gigante.

Se utilizó cada parte del cuerpo del gigante de escarcha. Los hermanos arrastraron los huesos y crearon montañas y valles, pues no querían que los nuevos mundos fueran planos y aburridos. La sangre del gigante se transformó en masas de agua como océanos, lagos, mares, ríos y manantiales. Los fragmentos de dientes y huesos se convirtieron en polvo fino, contribuyendo a la arena y las rocas de la tierra de Midgard.

Los sesos de la criatura montañosa se transformaron en nubes; su cabello se convirtió en toda la vida vegetal, como árboles, flores y hierba, tanto en la tierra como en el mar. La parte superior del cráneo del poderoso Ymir se convirtió en el arco de los cielos. Su carne se convirtió en la tierra que cubría el suelo del mundo.

Las formaciones finales de Midgard

Con el mundo casi terminado, los hermanos se dieron cuenta de que faltaba algo en el cielo. Uno de los hermanos sugirió utilizar las chispas de los fuegos que ardían en Muspelheim. Los dioses liberaron millones de chispas de las profundidades para crear un cielo moteado por la noche. Cada pequeño destello representaba un deber y llevaba asociado un nombre mientras giraba por el cielo cada noche. Las deidades pensaron que sería una forma de que los mortales encontraran el camino de vuelta a casa tras sus andanzas.

El último toque fueron las cejas del gigante. Para evitar que los gigantes entraran en el mundo de los mortales, las cejas se convirtieron en una barrera protectora.

Una vez terminado, el nuevo mundo para los mortales se llamó Midgard, ya que estaba situado en medio de Ginnungagap e Yggdrasil. El nuevo mundo estaría en un lugar privilegiado desde el que las deidades podrían vigilarlos. Jotenheim, el reino de los gigantes, rodeaba al nuevo mundo.

Los primeros mortales

Los humanos no eran los habitantes originales de Midgard. Con los restos de la carne putrefacta de Ymir, los tres hermanos crearon los primeros seres del reino, los enanos. Disfrutaban viviendo en las profundidades de la tierra y fabricando cosas. Los dioses, al darse cuenta de su error, trasladaron a los enanos a Svartalfheim, su hogar definitivo.

Con la segunda y última prueba, los dioses tejieron dos figuras a partir de dos árboles, que luego crearon al primer hombre y la primera mujer, Ask y Embla. Ask fue tallado en un fresno, y por eso recibió su nombre, mientras que Embla fue tallada en un olmo. Los dioses insuflaron vida a los mortales y les concedieron los dones de la sabiduría, el habla, la vista, el sonido y la inteligencia.

Vili y Ve se ausentaron tras el mito de la creación; en cuanto a su paradero y a lo que ocurrió tras la creación de los nueve reinos, esas historias se han perdido en el tiempo.

Los Nueve Reinos

Los dioses construyeron los Nueve Reinos presumiblemente más o menos al mismo tiempo que Midgard. Con todo el caos y la destrucción, era necesario reconstruir un nuevo hogar que pudieran habitar hasta el final de su reinado, o Ragnarok. Mientras construían las capas del cosmos, decidieron colocar su reino en la cima. Esto aseguraría que sus creaciones estuvieran protegidas de los gigantes de escarcha. Su solución fue crear un puente arco iris, o Bifrost, como principal portal de transporte a otros reinos en caso de necesidad.

Los reinos eran Asgard, Alfheim, Hel, Jotunheim, Midgard, Muspelheim, Svartalfheim, Nifelheim y Vanaheim.

Asgard

Asgard era conocido como el reino y hogar de los dioses Aesir, y por ello se considera un paisaje pacífico en comparación con el mundo mortal. Se representaba como una ciudad divina con altas torres hechas de la plata y el oro más inmaculados y una muralla para mantener alejados a los visitantes no deseados. El Bifrost estaba conectado con Midgard y los demás reinos para garantizar un paso seguro a los dioses en el cumplimiento de sus órdenes.

Odín se convirtió en el principal supervisor y era conocido como el "Todopadre", tanto para los dioses como para los mortales. La gran sala conocida como Valhalla era el lugar donde Odín saludaba a los mortales que morían honorablemente en la batalla.

Alfheim

Alfheim estaba situada en los cielos, no muy lejos de Asgard. Era el hogar de los elfos de la luz y del dios Vasir Freyr, que reinaba allí. La magia corría desenfrenada en Alfheim, que se componía de seres místicos y vegetación. Los elfos de la luz fueron los responsables de dotar a los mortales de la creatividad necesaria para crear arte, música y otras formas de autoexpresión.

Hel

También conocida como Helheim, Hel era un tenebroso paisaje infernal situado bajo las raíces del Yggdrasil. Originalmente se construyó con muros y una sola puerta para entrar y salir. Sólo había un camino pavimentado a Hel, llamado Helveg, que serpenteaba por las raíces del árbol hasta la entrada de la puerta. Hel estaba gobernada por la diosa Hel, hija de Loki y hermana de Fenrir, la serpiente de Midgard.

Con el tiempo, Hel se pobló con las almas de los muertos que fallecían por vejez o enfermedad. Se creía que, al igual que en las mitologías griega y romana, había varios niveles en el inframundo, incluido el Valhalla; sin embargo, no se sabe con certeza cómo vivían las almas el resto de la eternidad ni cuántos niveles había.

Jotunheim

Jotunheim, también conocido como Utgard, era el reino que rodeaba Midgard y era el hogar de los Gigantes de Hielo. Se consideraba el lugar de nacimiento de la magia y la naturaleza salvaje en su forma más caótica. También era el lugar de origen del dios de la superchería Loki. Jotunheim estaba conectado a Asgard por un río llamado Iving, un río traicionero para cruzar con rápidos crecientes y bloques de hielo congelados.

Midgard

Midgard era el reino de los humanos. Después de que Odín y sus hermanos crearan este reino, colocaron enormes barreras alrededor de la tierra para proteger a los indefensos mortales de los Gigantes de Hielo y otros seres maliciosos. Los dioses también crearon todos los animales y criaturas del reino.

Muspelheim

Muspelheim fue una pieza esencial en la creación del universo y de todas las criaturas que lo habitan. Muspelheim era el hogar de las criaturas conocidas como los Muspells o los Gigantes de Fuego. Su líder o padre, los eruditos no sabían cuál, Surtr, gobernaba el reino. Se creía que Surtr, junto con los demás Muspells, sólo tenía una razón de existir, ya que sólo se les presentaba una vez en los textos antiguos. Su función era surgir de las profundidades de Muspelheim una vez que comenzara el Ragnarok.

Svartalfheim

Los enanos, también conocidos como los elfos oscuros, gobernaban el reino de Svartalfheim, también conocido como Nidavellir. El reino estaba en las profundidades de la tierra; las únicas luces eran antorchas tenuemente encendidas y las forjas de los enanos. Los enanos prosperaban en este entorno. Sin las distracciones que podían encontrarse en otros reinos, a los enanos les resultaba fácil concentrarse y perfeccionar su artesanía. Crearon muchas armas de los dioses, como Mjolnir, e incluso construyeron barcos para el dios Freyr. Con una artesanía superior y la capacidad de tejer magia en su trabajo, los enanos eran, con diferencia, la élite de los fabricantes de armas de los nueve reinos.

Nifelheim

Tanto Nifelheim como Muspelheim se contaban entre los reinos más antiguos del universo. Aunque ambos eran responsables directos de la creación de la vida, Nifelheim era el único reino sin habitantes. Era un páramo helado con niebla que se arremolinaba en su cima. Al principio se creía que los muertos caminaban por Nifelheim. Sin embargo, después de que Odín arrojara a la diosa Hel a su propio reino, las almas muertas vagaron por las profundidades de Hel en su lugar. A partir de ese momento, Nifelheim permaneció tranquilo y quieto.

Vanaheim

El último de los nueve reinos se llamaba Vanaheim y era el hogar de los dioses Vanir. Se suponía que el reino en sí estaba lleno de magia, luz y era el hogar de diversas plantas y animales místicos. Las deidades vanir se especializaban en la fertilidad y la agricultura. La magia y los dones de los dioses se traducían en exuberantes y hermosos jardines y cultivos. Con abundantes cosechas, sol, lluvia y vientos poco potentes, Vanaheim era el paraíso de los reinos distintos de Asgard. Los océanos y mares del reino solían tener condiciones meteorológicas favorables para aquellos que amaban viajar por los mares y pescar en las profundidades. Era uno de los reinos más agradables y relajantes del universo.

Se creía que la laxitud del reino causó un gran problema con los dioses de Asgard, lo que dio lugar a la Guerra Aesir-Vanir.

En el próximo capítulo se hablará más de la historia y de las consecuencias de la guerra.

Conclusión

Antes de que los humanos comprendieran el universo y las profundidades de su expansión, la mitología nórdica explicaba cómo surgió el cosmos. Su comprensión, o la falta de ella, del universo era extremadamente limitada. Como era propio de la naturaleza humana, se plantearon y respondieron las preguntas de cómo empezó el mundo. Al igual que en otras mitologías de Grecia y Roma, fue el rey de todas las deidades quien construyó el mundo y creó a los seres humanos mortales y vivos.

En la mitología nórdica, el rey de las deidades Odín y sus dos hermanos crearon los reinos con los huesos de su mayor enemigo caído: un paisaje literal para el renacimiento de una nueva era. Los nueve reinos del mundo coexistían entre sí; a menudo, los dioses visitaban el hogar de su creación más reciente y querida, los humanos. Midgard se situaba en medio de los reinos, lo que indicaba la importancia de los mortales.

Aunque los reinos coexistieron juntos, no siempre fue armonioso. Los Gigantes de Hielo y otros seres siniestros amenazaban constantemente a dioses y mortales por igual. Muchas veces, sin embargo, las amenazas procedían de las propias deidades.

Capítulo 4: La Guerra Aesir-Vanir

La Guerra Aesir-Vanir tuvo lugar tras la creación de los nueve reinos. Según los textos, fue la primera guerra desde la creación de los reinos. Los Aesir -los que vivían en Asgard- y los Vanir -los que vivían en Vanaheim- libraron entre sí una guerra larga, sangrienta e intensa. Este enfrentamiento entre los dioses se extendió por todos los reinos, provocando revueltas y miedo entre la gente.

Razones de la guerra

Aunque no quedó del todo clara la causa de la guerra, sus efectos perduraron hasta el Ragnarok. Dioses y diosas de ambos bandos se vieron obligados a abandonar sus hogares para trasladarse al reino opuesto como muestra de paz. Algunos eruditos creen que fue una culminación de las diferencias de valores, la creciente popularidad de las deidades Vanir entre los humanos y el incesto que prevalecía en todo Vanaheim lo que condujo a la guerra. Sin embargo, una historia sigue siendo la teoría más popular de la instigación.

Celos intensos

Tras la creación de los mortales, tanto los dioses Aesir como los Vanir exigieron lealtad y que se hicieran sacrificios en su nombre. Al principio, los Aesir eran los más respetados de las dos razas de dioses. Tenían más poder sobre los humanos y, por tanto, más derechos sobre los mortales.

Con el tiempo, se creyó que la perspectiva de los humanos cambió. Aunque los dioses Aesir seguían recibiendo más sacrificios, empezaron a notar la popularidad de las deidades Vanir sobre ellos mismos. Las deidades de Vanaheim querían una parte equitativa de la gloria y el respeto de los humanos.

Estos celos podrían haberse descontrolado entre los dioses. Los dioses vanir representaban la abundante fertilidad de la agricultura y la procreación. Las dos necesidades directas de la alimentación y la reproducción eran la especialidad de los Vanir, y por lo tanto imponían más respeto y amor por parte de los mortales que los adoraban.

Relaciones incestuosas

Aunque los intensos celos pueden haber sido un factor contribuyente, no fue la única razón de la guerra. Las deidades Vanir eran conocidas por sus relaciones incestuosas entre sí. Njord y su hermana, que permanecía sin nombre, eran el supuesto padre y madre de los gemelos Freyja y Freyr. También se creía que los gemelos habían tenido múltiples amantes, incluso entre ellos.

Los dioses Aesir no estaban de acuerdo con este estilo de vida y, por tanto, les repugnaba la idea del incesto en Vanaheim. Los factores combinados del incesto, los celos y la introducción de la magia chamánica en Asgard fueron suficientes para que los dioses se declararan la guerra.

La magia de Gullveig

La magia que poseía Gullveig era la más oscura conocida en los reinos, llamada seidr. Se consideraba magia chamánica y a menudo conducía a la destrucción. La magia influía en el destino de mortales y dioses por igual y a menudo acababa con la muerte de alguien.

Gullveig

En algunas traducciones y creencias, Gullveig era la diosa Freyja que entró en Asgard. La hermosa diosa enseñó su magia a las muchas deidades que estaban interesadas en su magia y su habilidad para torcer el destino de uno.

Después de un tiempo, se abusó de la magia. Los valores de las deidades estaban en peligro. El ensimismamiento interfería con los valores de la verdad, el honor, la justicia y la lealtad. Tras darse cuenta de que habían dejado de lado sus valores fundamentales en pos de deseos egoístas, responsabilizaron a Gullveig en lugar de a sí mismos.

Gullveig Tres Veces Asesinado

En respuesta a la introducción de tal magia oscura, los dioses Aesir torturaron y mataron a la diosa tres veces. La apuñalaron repetidamente con lanzas hasta su primera muerte y quemaron su cuerpo dos veces. Cada vez que la mataban, su cuerpo emergía de las cenizas de su vida anterior. El poder que poseía la diosa infundía odio y miedo en los corazones de los dioses Aesir, rivalizando con el poder del mismísimo Odín.

Las deidades Aesir creían que Gullveig era una maestra del sabotaje o una espía de los Vanir. Combinado con su poder de resurrección cada vez que era asesinada, el miedo se convirtió en odio hacia ella y el resto de las deidades Vanir.

En el otro lado del espectro, los Vanir se enfurecieron al pensar que los dioses Aesir habían intentado asesinar a propósito a uno de los suyos. Indignados, se prepararon para la guerra. La justa justicia y venganza que sentían les impulsó a clamar contra las puertas de Asgard por la guerra.

La primera guerra entre dioses

La primera escena de la guerra marcó a Odín como defensor del reino. El inicio de la guerra fue causado por la lanza que Odín arrojó contra el ejército Vanir, matando a uno de los dioses. Enfurecidos, la chispa de la batalla prendió en una ardiente guerra.

Durante un largo periodo de tiempo, ambos bandos se enzarzaron en una guerra por el dominio. La guerra fue intensa y sangrienta. Los Aesir, conocidos por su fuerza bruta, utilizaban armas y el combate cuerpo a cuerpo en las batallas contra sus enemigos. Los Vanir lanzaban hechizos mágicos y los utilizaban en su beneficio.

Ganadores turbios

A medida que la guerra continuaba, estaba claro que ningún bando podría derrocar al otro. Los dioses de ambos bandos estaban igualados. Ninguna fuerza era mejor que la otra. Las mareas de la guerra cambiaban constantemente de dirección para favorecer a ambas tribus de deidades, llevando a un punto muerto.

Tras un largo periodo, ambos bandos se cansaron de las luchas entre ellos. Estaba claro que no había vencedor, sólo un baño de sangre entre las dos tribus de divinidades.

Una tregua y una negociación sobre los rehenes

En la cultura vikinga, era costumbre que dos aldeas o pueblos enfrentados pusieran fin a una guerra con una tregua y una negociación de rehenes. Se consideraba un ritual de buena fe para que los pueblos siguieran viviendo en paz.

La tregua

Después de que ambos bandos acordaran poner fin a la guerra, hubo muchas negociaciones entre los dioses Vanir y Aesir. Los bandos discutían sobre la razón del inicio de la guerra. Según las deidades Vanir, fue culpa de los Aesir, y por lo tanto, debían pagar la retribución compartiendo el número de sacrificios y favores.

Finalmente, ambos bandos decidieron vivir como iguales en paz. La discusión fue una larga conversación entre los dioses para decidir el mejor curso de acción. Además de la tregua, debía haber un intercambio de rehenes entre las tribus rivales.

El intercambio de rehenes

Después de que las tribus se comprometieran a la tregua, el siguiente paso era organizar a los rehenes. De las deidades Aesir procedían dos hermanos de Odín: Hoenir, un dios del silencio de piernas rápidas pero lengua lenta, y Mimir, un dios de la sabiduría. Los Vanir engendraron a los gemelos Freyr y Freyja junto a su padre Njord, el soberano de los Vanir.

Los cinco dioses partieron hacia sus nuevos hogares. Los tres dioses Vanir anteriores se instalaron en sus nuevos hogares con facilidad. Freyr y Njord se convirtieron en supervisores de los sacrificios que hacían los humanos, mientras que Freyja enseñó a los dioses Aesir la magia utilizada en Vanaheim. Por desgracia, a los anteriores dioses Aesir no les fue tan bien en la adaptación.

Una decapitación, luego un caldero

Al principio, Hoenir y Mimir se adaptaron bien. Los Vanir, notando la fuerza y belleza del dios Hoenir, nombraron a Hoenir como nuevo gobernante. La adaptación al principio sentó bien tanto a Vanaheim como a los dioses; Hoenir parecía comprender el concepto de gobernar con Mimir a su lado.

¡Hemos sido engañados!

Sin embargo, la presencia de Mimir y la incapacidad de Hoenir para tomar decisiones sin la ayuda de Mimir fueron perjudiciales para el acuerdo. La fuerza y el atractivo no bastaban para convertir en líder a un dios lento. Hoenir también era un embajador inadecuado. Hablaba sin tener ni idea y creía en dejar que otros decidieran la solución en lugar de asumir él la responsabilidad.

Los Vanir creían que habían sido engañados en los bienes. No sólo Hoenir era una farsa, sino que también sospechaban que Mimir no poseía la sabiduría que se les había transmitido en un principio. En represalia a los dioses Aesir, decapitaron a Mimir y enviaron la cabeza a Odín como un desafío y una amenaza.

Odín mantuvo la compostura. La decapitación de su hermano lo había perturbado. Para evitar otra guerra, Odín conjuró hechizos mágicos y poesía sobre la cabeza cortada y la envolvió en hierbas. A continuación, colocó la parte conservada de su hermano en un manantial situado en la base del árbol Yggdrasil, conocido como el Pozo de Mimir. Odín visitaba el manantial a menudo en busca de sabiduría, especialmente en tiempos de gran necesidad.

Escupe en el caldero, por favor

Agotados por el drama y la lucha constante entre los Aesir y los Vanir, los dioses se reunieron para rectificar otra tregua. Se decidió que se trataba de un enorme malentendido; la lucha debía terminar. Ambas partes estuvieron de acuerdo en este sentimiento. En lugar de optar por la violencia, uno de los dioses cogió un caldero y ordenó a cada dios de Asgard y Vanaheim que escupiera en él.

Al mezclarse la saliva de todos los dioses, se formó el ser más sabio del cosmos conocido como Kvasir. Al entrar en el mundo, se convirtió en un viajero entre los reinos y distribuyó sabiduría a todos los que conoció. Sin embargo, la existencia de Kvasir fue el verdadero final de la Guerra Aesir-Vanir y el comienzo de la convivencia pacífica entre los dioses.

Conclusión

La Guerra Aesir-Vanir fue la primera que se libró tras la creación de los nueve reinos. Fue una guerra larga, sangrienta e intensa que terminó con la decapitación de un dios de la sabiduría y el nacimiento de uno nuevo.

Muchos eruditos creen que la guerra fue una representación de los pueblos escandinavo y germánico. El panteón escandinavo incluía principalmente a los dioses Aesir, mientras que el panteón del pueblo germánico estaba construido con los dioses Vanir. La guerra era una metáfora para que los dos pueblos se unieran por fin en paz tras muchos años de guerra en batallas igualadas.

Capítulo 5: Los sacrificios de Odín

El sacrificio habitual para obtener conocimientos y sabiduría es el tiempo y, en las sociedades modernas, el dinero. Para ser considerado un maestro en una materia, normalmente hay que invertir 10.000 horas en aprender y desarrollar lo que ya se sabe. El dinero, especialmente en la búsqueda de títulos y certificaciones, también es necesario en la sociedad actual.

Pero, ¿qué hay de sacrificar una parte del cuerpo, un ojo, por ejemplo? ¿Qué hay de someterse a la muerte para conseguir el conocimiento que buscaban?

Odín y su búsqueda del conocimiento

Como gobernante de Asgard y supervisor de los nueve reinos, era crucial que Odín adquiriera conocimientos en cualquier circunstancia. Anhelaba la sabiduría infinita y la verdad de los reinos. Odín buscaba constantemente esta sabiduría. Quería aprender los entresijos de la magia, la profecía y el funcionamiento interno del universo.

Odín quería aprender y comprenderlo todo. Sin embargo, a menudo pagaba muy caro el precio de tal conocimiento.

Odín y el Ojo del Sacrificio

Odín, en comparación con el resto de los dioses, era superior en sabiduría e intelecto. Después de todo, fue uno de los primeros dioses en recorrer y finalmente derrocar a los Gigantes de la Escarcha originales antes del nacimiento de los nueve reinos. Los poderes de Odín, sin embargo, eran limitados en base a lo que sabía. Para expandir su intelecto, decidió buscar el conocimiento de su hermano decapitado Mimir.

Odín, el dios tuerto

Mimir fue colocado en un manantial fresco y goteante bajo las raíces del árbol Yggdrasil, donde las aguas rebosaban de secretos y verdades del universo. Mimir bebía del manantial todos los días, por lo que estaba dotado de toda la sabiduría que cualquier deidad pudiera poseer. A menudo, Odín acudía a su hermano en momentos de gran necesidad de la sabiduría que Mimir podía ofrecerle; otras veces, era puramente para coaccionarlo a compartir el conocimiento con él. Mimir era superior a Odín en sabiduría; en su mente, Odín necesitaba superar el nivel de intelecto que tenía su hermano.

Mimir sabía cuánto deseaba Odín tener la sabiduría infinita del universo. Mimir advirtió a Odín que tal petición tendría un alto precio a pagar. Para conceder a Odin el acceso a un trago del crujiente y claro líquido, Odin tenía que renunciar a algo a cambio.

Odín pensó por un momento en algo digno de la profundidad del conocimiento. Con un movimiento fluido, se sacó uno de los ojos y lo arrojó al manantial. Con el sacrificio recibido, Odín pudo beber del Mimisbrunnr, también conocido como el Pozo del Conocimiento. A partir de ese momento, fue considerado el más poderoso mental e intelectualmente de todos los dioses. Nadie podía superarle.

Confusión sobre cuál es el ojo

Aunque los textos no dicen a qué ojo renunció, estaba bastante claro que para proceder a convertirse en el más sabio de todos los dioses, era necesario un intenso sacrificio. A lo largo de los milenios, los artistas han desarrollado sus propias perspectivas sobre de qué lado se quitó el dios el ojo. En algunas ilustraciones, se le mostraba sin el ojo izquierdo; en otras, era el derecho.

Odín y el colgamiento en el árbol Yggdrasil

Otro de los mitos que giran en torno a Odín y sus sacrificios es el de su colgamiento del árbol Yggdrasil en su búsqueda del conocimiento. El mito ilustra su necesidad inherente de obtener más conocimiento y lo que haría para conseguirlo. Anteriormente, renunció a su ojo por la iluminación. ¿Qué más estaría dispuesto a dar?

Los Norns

Después de que la diosa Freyja introdujera la magia en el reino de Asgard, Odín se dio cuenta de que era capaz de leer runas para cambiar el destino de una persona. Curioso, fue entonces a buscar a las Norns, que también dictaban el destino de dioses y mortales por igual. Al observar su magia bajo el árbol Yggdrasil, descubrió que también utilizaban runas para dictar el destino final de los mortales.

Celoso y hambriento de conocimiento, preguntó a las Norns qué era necesario para obtener el mismo conocimiento que ellas; le respondieron que debía colgarse boca abajo del Yggdrasil durante varios días y noches sin ayuda.

Dios cabeza abajo

Odín aceptó el reto. Se colgó cabeza abajo del árbol Yggdrasil durante nueve días y nueve noches: uno por cada reino. Con un instinto dramático y para demostrar lo comprometido que estaba en adquirir el conocimiento de las runas, se apuñaló a sí mismo con su lanza.

Los dioses Aesir debían abstenerse de ayudarle. Durante esos nueve días y nueve noches, se mató de hambre. Se negó a comer o beber nada. Finalmente, su cuerpo se apagó y murió mientras colgaba del árbol. La sangre seca se acumuló a su alrededor mientras su cuerpo se marchitaba y dejaba de ser un dios fuerte y poderoso para convertirse en uno hueco y demacrado.

Tras su muerte en la novena noche, resucitó renovado y con el conocimiento de las runas mágicas. Ahora era el ser más poderoso del cosmos. Con este nuevo conocimiento, aprendió nueve canciones mágicas y 18 encantamientos extremadamente poderosos. No sólo podía curar heridas físicas y emocionales, sino que las armas de sus enemigos quedaban ahora inutilizadas, ya que aprendió a constreñir sus movimientos.

Conclusión

Los mitos de los sacrificios de Odín giran en torno a un tema central para recordar al receptor de la historia que había sacrificios necesarios en la búsqueda del conocimiento. La devoción por el conocimiento a menudo significaba que estaba dispuesto a renunciar a una parte de sí mismo para aprender más y, por tanto, volverse más poderoso. La historia resuena incluso hoy en día. Aunque los sacrificios necesarios para aprender cosas no tienen por qué ser tan extremos como los de Odín, es un recordatorio de que cualquier cosa que valga la pena conocer requerirá algún tipo de sacrificio.

Capítulo 6: Sif y el cabello dorado

La historia de Sif, esposa de Thor, es una de las pocas leyendas que rodean a la diosa de la cosecha. Su larga cabellera dorada era su rasgo más preciado. Loki, el dios del engaño, tenía un diabólico plan bajo la manga para gastarle una broma a la bella pero vanidosa diosa. La historia trata de la desesperación, una amenaza y una promesa cumplida.

Sif y su pelo

La diosa de la cosecha, Sif, tenía el cabello dorado más hermoso de todos los reinos. Sif era la esposa de Thor y rivalizaba en belleza con la mismísima Freyja. Lo amaba profundamente e incluso le dio hijos. Sif era el orgullo y la alegría del dios del trueno, especialmente con su larga y frondosa cabellera dorada.

Sif era una diosa importante para los vikingos. Su cabello representaba los campos de trigo dorados, pero también se la asociaba con la pasión, el sol, la fertilidad y la agricultura.

Loki y su travesura

Loki, el dios del engaño, quería gastarle una broma a Thor y a su familia.

Mientras Sif dormía, le cortó sus hermosos mechones dorados. Sólo quedó una barba. Satisfecho con su trabajo, desapareció en la noche. Sin embargo, al despertar, Sif se dio cuenta de que sentía la cabeza inusualmente ligera. Se pasó los dedos por la barba y se dio cuenta de que no le quedaba pelo. Su marido se despertó con sus sollozos. Inmediatamente, fue a buscar a Loki, de quien sabía que estaba detrás de la horrible broma.

Loki sabía que Thor vendría a buscarlo. Se transformó en varias formas para engañar al dios, pero finalmente Thor lo atrapó. Amenazó a Loki: si el dios no rectificaba su error, Thor le aplastaría todos los huesos del cuerpo. Loki sabía que el dios no hacía esas amenazas a la ligera y, por lo tanto, partió en busca de una peluca para la mortificada Sif.

Loki y los hermanos enanos

Loki se aventuró en el reino de los enanos conocido como Svartalfheim. Por lo general, los enanos no interferían con los dioses a menos que hubiera un trabajo que hacer; en este caso, Loki prometió el favor de los dioses Aesir y el suyo propio. Entró en la cueva de Ivaldi, hogar de dos hermanos enanos llamados Brokk y Eitri.

Brokk y Eitri

Loki encantó a los hermanos alabando sus habilidades superiores a las del resto de los enanos. Cuando Loki les pidió que le hicieran a Sif una peluca dorada fusionada con magia, los hermanos se pusieron manos a la obra. El dios omitió decirles el motivo de la peluca. Sin embargo, Loki les ofreció la gratitud eterna tanto de Sif como de Thor, así como un favor suyo y del resto de los dioses.

Mientras los hermanos trabajaban, apartó a Eitri y lo elogió en voz baja por su herrería superior a la de su hermano. Complacido en privado, accedió a trabajar en otro proyecto para Loki. Sin embargo, Brokk les oyó hablar y comenzó en secreto otro proyecto propio en competencia con su hermano.

La peluca de oro

La peluca estaba terminada. El oro puro de la peluca tenía finos mechones que se aproximaban a la forma del cabello. Los mechones estaban impregnados de magia para que luego la peluca regenerara rápidamente el cabello original de la diosa. Ambos enanos estaban satisfechos con el proyecto, y el propio Loki expresó su gratitud.

Gungnir

Eitri presentó primero su proyecto. Era una lanza finamente elaborada y perfectamente equilibrada. No sólo estaba magníficamente elaborada, sino que además estaba imbuida mágicamente con el poder de no errar nunca su blanco. Loki sabía que esto complacería a Odín, pues temía la ira del Todopoderoso. Aceptó amablemente el regalo de Eitri y esperó el proyecto de Brokk.

Skidbladnir

Brokk presentó una enorme nave para el dios, llamada Skidbladnir. La nave podía albergar a todos los dioses de Asgard a juzgar por su inmenso tamaño, pero también había magia en juego. Skidbladnir también tenía vientos favorables en sus velas y se plegaba fácilmente hasta caber en un bolsillo. Loki estaba impresionado por la artesanía que Brokk le había proporcionado. El dios sabía que sería un regalo estupendo para Freyr, que lo apreciaría mucho.

El regreso de Loki

Loki abandonó el reino enano y se dirigió a Asgard. A su regreso, Thor le preguntó si el viaje había sido un éxito. Loki sonrió con orgullo y presentó la peluca a Sif. Su brillante presencia dorada iluminó el rostro de la diosa, que se enamoró al instante del remedio a su problema.

Se colocó la peluca en la cabeza, y pronto su cabello original empezó a crecer hasta recuperar su antiguo esplendor. Al vislumbrar el cabello que brotaba de la cabeza de su esposa, exclamó que su dorada cabellera era más hermosa de lo que nunca había sido. Con esta validación, Sif ya no estaba molesta. Parecía que todo estaba perdonado por el momento; Thor y Sif dejaron a Loki para presentar los otros dos regalos a Odín y Freyr, quienes los disfrutaron por igual.

Conclusión

Los vikingos utilizaban el mito como explicación de que el trigo se esquilara cuando estaba listo para la cosecha. La historia era otro recordatorio para los pueblos nórdicos de que debían mantener la esperanza tras las pruebas y tribulaciones. Al fin y al cabo, lo bonito de la vida era que, aunque algunas sorpresas no fueran bienvenidas, podían convertirse en algo de mayor valor.

Capítulo 7: Idun y las manzanas de oro

Idun, la diosa de la belleza, guardaba la llave de la inmortalidad en su jardín, rico en frutas y flores. Sin embargo, el producto más valioso de su jardín eran sus manzanas de oro. Las manzanas de oro eran el sustento de los dioses. Al igual que en la mitología griega, la ambrosía era el sustento de su panteón, las manzanas eran frescas y contenían la magia de la inmortalidad.

Idun era la esposa de Bragi, el dios de la poesía, y la hija del enano herrero conocido como Ivald. Después de casarse con Bragi, ascendió al reino de Asgard, y con ella, el cofre de las manzanas de oro que llevaba. Su cofre siempre permaneció lleno, incluso después de que los dioses casi lo vaciaran a diario.

El peligro del poder

Como poseía la fruta, a menudo era el objetivo de enanos y gigantes que querían convertirse en inmortales. Vigilaba atentamente su premio; un pequeño error resultaría perjudicial para ella y para los dioses.

Confiar en el Dios del Engaño

Loki, Odín y Hoenir se encontraban en otra búsqueda cuando, a punto de dirigirse a casa, se detuvieron y mataron un buey. Procedieron a cocinarlo, pero la carne se negaba a cocinarse. Un águila llamó desde las ramas de la copa de un árbol cercano, suplicando a los dioses que la alimentaran o no permitiría que la carne se cocinara. Los dioses accedieron a regañadientes, y el águila escogió los mejores trozos de carne y se marchó volando.

En un arrebato de ira, Loki se transformó en halcón y persiguió al águila. Por desgracia, el águila era el gigante Thjazi. El gigante retuvo a Loki en sus garras, negándose a liberarlo. Amenazó a Loki con volver y secuestrarlo si no le llevaba directamente las manzanas de Idun. Loki accedió, y fue liberado por Thjazi.

Después de que los tres dioses regresaran de su búsqueda, Loki partió inmediatamente en busca de Idun y su cofre de manzanas. Mintió y le dijo que, en sus viajes, había encontrado manzanas tan magníficas como las que ella poseía. Que se las trajera y comparara los dos tipos de fruta. Convencida por la lengua de plata del dios, le siguió hasta que llegaron a las murallas más allá de Asgard y entraron en una zona boscosa.

El secuestro de Idun y las manzanas de oro

Cuando llegó al linde del bosque, cerca de la base de una cordillera, Thjazi agarró a la diosa y sus manzanas. La llevó al corazón de Jotunheim, el reino de los gigantes, y a su hogar. El hogar del gigante estaba situado en la cima del pico más alto de la montaña. El viento aullaba mientras el hielo decoraba el interior de la morada. El gigante tenía a la diosa en sus garras.

Después de que Idun abandonara Asgard, los dioses empezaron a sentir su edad. Aparecieron arrugas en sus rostros, y comenzaron a sentirse físicamente débiles. Su cabello encaneció. Los dioses de Asgard la buscaron pero no pudieron encontrarla. Uno de los dioses informó que habían visto por última vez a la diosa con Loki. Una vez que lo atraparon, confesó lo que había sucedido a sus compañeros de las deidades. Entonces se le encomendó una misión: si no recuperaba a la diosa y sus manzanas, sería asesinado como castigo por sus crímenes.

La recuperación de la diosa amada y las manzanas

Loki se apresuró a rescatar a la diosa del gigante. Una vez más, se transformó en halcón y voló a través de la barrera de Asgard hasta Jotunheim. Una vez que el dios cruzó el umbral de Jotunheim, recorrió las cumbres de las montañas y descubrió que la diosa estaba sola en el palacio del gigante, que había ido a pescar al océano. Loki la convirtió rápidamente en una nuez y se la llevó, junto con las manzanas de oro, en sus garras.

Cuando el gigante regresó de su viaje de pesca, se dio cuenta de que la diosa había desaparecido. Vio un halcón a lo lejos y supo exactamente lo que había ocurrido. Volvió a su estado de águila y persiguió al halcón. El gigante acortó fácilmente la distancia que le separaba de Loki, cuyas alas batían furiosamente.

¡Hubo humo y fuego!

Los dioses Aesir esperaban el regreso de Loki. A lo lejos, vieron al dios de la astucia siendo seguido por una enorme águila. Idearon un plan para fortificar la entrada a Asgard con fuego tan pronto como Loki cruzara la frontera. Encendieron la frontera y se prepararon para encenderla.

El gigante Thjazi estaba peligrosamente cerca de Loki. Un zarpazo de las poderosas garras del águila y la misión habría fracasado. Loki pasó zumbando por la frontera y los dioses golpearon inmediatamente la leña para crear un muro ardiente en la frontera.

Thjazi se movía demasiado rápido para detenerse antes de chocar contra las llamas. No pudo detenerse ni transformarse en su forma gigante, sino que voló directamente hacia la frontera en llamas y murió abrasado. Idun y sus manzanas volvieron al lugar que les correspondía en Asgard.

Conclusión

La lección que hay que extraer del mito es que hay que desconfiar de los que tienen una lengua de plata; no siempre tienen las mejores intenciones. Loki era famoso por sus artimañas, y eso fue lo que llevó al secuestro de Idun. Su confianza ciega en el dios del engaño y la falta de fe en sí misma y en su don resultaron ser problemáticas para ella. Si los asgardianos no hubieran obligado a Loki a rescatarla, su destino habría sido otro. El mito era un cuento con moraleja. También se utilizó para ilustrar la importancia de Idun como diosa.

Capítulo 8: El mito de Fenrir y Tyr

Hay muchos mitos en torno a los hijos de Loki: la diosa Hel, que era hija del dios; Jormungand, uno de sus hijos que dio la vuelta al mundo en una eterna rivalidad con Thor; y Fenrir, el hijo mayor del dios.

Fenrir, como ya se ha mencionado, era un lobo enorme destinado a la destrucción. Desempeñó un papel importante durante el Ragnarok, del que hablaremos en el próximo capítulo.

Fenrir cuando era un cachorro

El destino de Fenrir sólo lo conocían los dioses. Como sabían de la destrucción y el caos de que era capaz, se consideró que Fenrir debía permanecer en Asgard con los dioses para vigilar a la joven bestia. No se sabía mucho de la criatura después de su nacimiento; era muy posible que, como los dioses conocían su destino, fuera objeto de malos tratos y otros recelos.

Las cadenas que me atan

El único dios que se acercó al lobo fue Tyr, el dios de la guerra. Tyr, a pesar de ser el dios de la guerra, era sorprendentemente tranquilo, sereno y, lo que es más importante, justo. El dios alimentó y crió al lobo, que creció muy deprisa.

Los dioses, al notar el nuevo tamaño y la fuerza del lobo cada día que pasaba, decretaron que el lobo fuera encadenado a un árbol. Su miedo superaba cualquier razón; el miedo al lobo y la profecía de la destrucción causada por el lobo eran más fuertes que cualquier otra cosa. Odín escuchó sus demandas y aseguró a los dioses que Fenrir sería atado.

Engáñame una vez

El primer intento de atar al lobo a un árbol no tuvo éxito. Los dioses engañaron al lobo haciéndole creer que sus ataduras eran una prueba de fuerza. Deseoso de complacer a sus amos, rompió la cadena de una patada. Para evitar la ira y el posible derramamiento de sangre del lobo, los dioses aplaudieron y vitorearon el éxito.

Engáñame dos veces

Los dioses repitieron el proceso, pero esta vez con una cadena más gruesa y pesada. Fenrir aceptó ser atado a un árbol con esta cadena. Intentó liberarse, pero al principio no pudo. Quería comprobar la fuerza de la atadura antes de utilizar toda su fuerza, que entonces la partió por la mitad. Por segunda vez, los dioses aplaudieron y vitorearon el nuevo éxito, pero algo no encajaba. El público se lanzaba miradas de reojo, mientras otros fruncían el ceño.

Fenrir empezó a encajar las piezas de las ataduras y el deseo de poner a prueba su poder. Los vítores sonaban más bien huecos y temerosos; no tardó en darse cuenta de que le tenían miedo, aunque no sabía por qué.

Gleipnir: La cadena irrompible

Ahora nerviosos, los dioses enviaron un mensaje a los enanos. Era de suma importancia fabricar la cadena más fuerte que pudieran. La magia, decidieron los asgardianos, era lo único que realmente podía retenerlo. Los enanos afrontaron el reto y produjeron una cadena extremadamente ligera y delgada en comparación con las dos anteriores. La magia estaba formada por lo imposible: el sonido de los pasos de un gato; el aliento de un pez oceánico; las raíces de una montaña; la barba de una hermosa y bella doncella; y la saliva de un pájaro. La cadena se llamó Gleipnir.

Nunca confíes en un asgardiano

Una vez terminada la cadena, intentaron engañar a Fenrir por tercera vez. Fenrir tenía la persistente sospecha de que los dioses tramaban algo. Esto enfureció al enorme lobo, que había crecido exponencialmente desde la última vez que intentaron encadenarlo. Mantuvo sus sospechas a raya hasta que se blandió la tercera cadena.

El lobo llamó a Odín, con sus sospechas en alto. No era ningún secreto que Odín y él nunca se habían llevado bien. Odín nunca había estado presente, así que ¿por qué estaba aquí ahora? Odín intentó calmar a la bestia diciéndole que era una broma y que no le temiera. Sin embargo, Fenrir olfateó las mentiras en su aliento.

Fenrir reconoció inmediatamente el trabajo de los enanos por el tamaño de la propia cadena. Recordó el tamaño de las cadenas anteriores; ésta era mucho más ligera. Debían de haber utilizado magia, y la única raza lo bastante inteligente como para imbuir magia en la atadura eran los enanos.

La prueba del destino

Fenrir tomó una rápida decisión para calibrar la reacción de los dioses, así que hizo una simple petición. Si la cadena era sólo una broma, entonces ningún dios tendría problemas si uno de ellos le metía el brazo en la boca mientras estaba atado. Si las ataduras se rompían, soltaría al dios. Si percibía una traición a su confianza, entonces Fenrir devoraría el brazo sin pensárselo dos veces.

Las reacciones de los dioses sólo alimentaban la desconfianza que tenía en ellos. Ningún dios quería perder un brazo. El miedo que se reflejaba en sus ojos cuando Fenrir les exigía algo no hacía más que confirmarle que se trataba de un engaño.

Tyr fue el único dios que se ofreció a poner su brazo en la boca del lobo. Se acercó a Fenrir y, con cautela, introdujo el brazo en la boca. Los dioses lo encadenaron y esperaron lo inevitable.

La retirada del brazo

Fenrir tiró de las cadenas, primero para probar la fuerza de las ataduras. No cedieron. Esta vez, con todas sus fuerzas, luchó contra las cadenas, que sólo lo sujetaban con más fuerza. No podía romper esas cadenas encantadas con magia.

El lobo miró a los dioses y vio expresiones de satisfacción en sus rostros. Una parte de él esperaba estar equivocado, pero había aprendido de su padre Loki que nunca debía confiar de verdad en un asgardiano. Miró a su único amigo, el que más tiempo le había dedicado y alimentado. Tyr parecía abatido; el dios no compartía la satisfacción de que las ataduras no se rompieran.

Ardiendo de rabia insuperable por los dioses Aesir y la traición de su único amigo, Fenrir mordió el brazo del dios de la guerra. Con un gruñido, se lo tragó entero.

Tyr no hizo ruido, pero aceptó su castigo con gracia y dignidad; después de todo, sentía que su castigo por acercarse y luego traicionar a la criatura estaba justificado. Se sujetó el brazo mientras la sangre brotaba de él y se derramaba en el suelo. Se alejó del lobo.

Atados de por vida hasta el Ragnarok

Tras atar con éxito al temible lobo, los dioses lo trasladaron a un lugar desolado y remoto donde ya no sería una amenaza. Odín condujo a los dioses a la tierra donde Fenrir debía permanecer atado hasta los acontecimientos del Ragnarok. Durante todo el camino, Fenrir gritó y aulló por su libertad.

Los dioses ataron al enorme lobo a una roca. Fenrir continuó aullando y gruñendo a los dioses que lo habían traicionado. Las últimas palabras antes de que ya no pudiera hablar fueron de violencia y venganza. Prometió a Odín que, cuando el Ragnarok estuviera sobre ellos, buscaría al dios específicamente y, en un acto de venganza, juró que mataría al Todopoderoso sin remordimientos.

Las palabras helaron a Odín hasta los huesos; conocía la profecía y cómo se había predicho su muerte. Los ojos de Fenrir ardían con un odio incomparable. Odín supo, en ese momento, que Fenrir hablaba en serio.

Una vez que el lobo hubo terminado de hablar, Odín le clavó una espada en las mandíbulas para mantenerlas abiertas y evitar que el lobo volviera a hablar. La baba de su boca creó un río conocido como "Expectación". Fue allí donde Fenrir permaneció hasta el comienzo del Ragnarok.

Conclusión

Tanto los dioses como los mortales celebraron la victoria de los dioses de neutralizar la amenaza potencial para Asgard. Tyr fue especialmente celebrado por su acto desinteresado, que ilustraba aún más el carácter del dios. A Tyr no le volvió a crecer el brazo, sino que conservó el muñón como recordatorio de su deber y servicio a los reinos.

La historia es también una advertencia. Al igual que Idun y sus manzanas de oro, es importante desconfiar de aquellos a los que uno llama amigos.

También se puede señalar que si Fenrir hubiera sido tratado como un activo en lugar de como una amenaza, las cosas podrían haber sido diferentes para el panteón en su conjunto. El cuento sirvió también para recordar que el destino siempre puede cambiarse si uno se atreve a cambiarlo.

Capítulo 9: Ragnarok

El Ragnarok, también llamado "el crepúsculo de los dioses", es sin duda el más famoso de todos los mitos del panteón nórdico. El mito ilustra la muerte y el renacimiento de los dioses. Por aterrador que pueda parecer, el cambio y la muerte eran lo único que permanecía permanente.

La señal de alarma

Las Norns, Odín y Frigg sabían que el periodo de Asgard llegaría a su fin. Las señales de la eventual caída de los dioses estaban profetizadas, por lo que todos eran conscientes de que el fin de los días se acercaba.

Tres años de duros inviernos

La primera señal de alarma de la inminencia de la catástrofe fueron tres inviernos excepcionalmente largos y duros en Midgard. El viento cortante y la nieve cubrieron todo el reino durante tres años sin tregua. Ni primavera, ni verano, ni otoño. Los hijos del lobo Fenrir se tragaron el sol y la luna, dando lugar a un invierno tanto para los dioses como para los mortales. Las estrellas desaparecieron. La oscuridad había comenzado.

El hambre y la enfermedad asolaron a los humanos, y la desesperación les llevó a hacer lo que fuera para sobrevivir. Hermanos mataron a hermanos; padres mataron a hijos. Los mortales entraron en una era de espadas y hachas. La violencia estalló en Midgard, y esa violencia se extendió al reino de los dioses.

En preparación para las batallas venideras, Odín pidió consejo a Mimir por última vez. Ya no había nada más que dar; el tiempo predestinado de los dioses llegaba a su fin.

Muerte, destrucción y caos

Cuando el invierno se envolvió y reinó la oscuridad, el suelo mismo empezó a temblar y a estremecerse. El gran árbol Yggdrasil se estremeció y gimió, como si estuviera a punto de caer. Las montañas se nivelaron y poderosos árboles fueron arrancados de raíz.

Loki y sus hijos reunidos

Mientras los reinos se cubrían de hielo y nieve, Loki y sus hijos se liberaron de sus ataduras. Loki y Fenrir se liberaron de sus ataduras en medio del temblor de la tierra. Jormungand, que había permanecido dormido durante miles de años, rodeando Midgard en las profundidades de los océanos, surgió de esas profundidades. Debido al desmoronamiento de las montañas y a que Jormungand se alzó para vengarse, Midgard se convirtió en un páramo oceánico lleno de monstruos traicioneros.

Fenrir desencajó su mandíbula para devorarlo todo a su paso mientras atravesaba la tierra. Del cielo a la tierra, nada se salvó de su destrucción. Jormungand escupió veneno al cielo; nubes de lluvia ácida envenenaron todo a su paso. Las plantas se marchitaron, los mortales murieron de hambre o ahogados, y el mismo aire era venenoso.

El Ragnarok estaba en pleno apogeo, y nada se interponía a su paso. Loki capitaneaba el barco conocido como Naglfar, hecho con uñas de manos y pies de mortales muertos. En su tripulación había gigantes, listos para respirar el aire venenoso y caótico.

Comienza el combate

El temblor de la tierra permitió a los Gigantes de Fuego y Escarcha emerger y unirse en el Ragnarok. Los Gigantes de Fuego de Muspelheim cruzaron el Bifrost hacia el reino de los dioses. Mientras cruzaban el puente arco iris, el Bifrost se desintegró. Cuando los Gigantes de Fuego atravesaron las puertas, Heimdall sopló en su cuerno, indicando a los dioses que había llegado el momento de luchar.

Con Surtr como líder de los Gigantes de Fuego, cargaron contra los dioses con todas sus fuerzas. La espada que empuñaba Surtr era más caliente y brillante que el sol. Arrasó con todo lo que se interpuso en su camino. Gritos de terror y rugidos de batalla surcaron los cielos cuando ambos bandos se encontraron en el campo de batalla conocido como Vigrid, listos para el enfrentamiento final entre dioses y monstruos.

Ambos bandos se enzarzaron en la batalla. Los monstruos luchaban junto a los monstruos mientras que los dioses luchaban apartando a miembros de los suyos. Los soldados caídos del Valhalla, conocidos como einherjar, estaban listos para la acción y preparados para este momento. Todos los héroes de los mitos nórdicos se mantuvieron firmes en Vigrid, tanto matando a las criaturas de la perdición como cayendo ante ellas.

La caída de Odín

Odín y Fenrir se enfrentaron en la gran batalla. Fenrir rechinó los dientes con los labios contraídos en un gruñido temible. El poderoso y sabio Odín se defendió de él todo lo que pudo. Odín asestó varios golpes contundentes al enorme lobo, pero al final se tragó al líder de los dioses.

Uno de los hijos de Odín, llamado Vidar, vio cómo el temible lobo se tragaba a su padre. Con los ojos encendidos, vengó a su padre. Llevaba botas especialmente diseñadas para la batalla, hechas con los restos de cuero que los zapateros humanos habían desechado. Vidar abrió las fauces de la bestia. Mientras la bestia forcejeaba, clavó su espada en la garganta de Fenrir.

La caída de Tyr

El dios de la guerra Tyr se enfrentó a otro lobo llamado Garmr, un sabueso infernal de Hel. Dios y lobo se enzarzaron en una intensa batalla en el campo de Vigrid. Finalmente, el lobo mató al dios de la guerra con una sola mano. Esto fue una victoria para los monstruos, y lucharon con más fuerza con la moral de esta muerte.

La caída de Heimdall y Loki

Heimdall y Loki se enfrentaron tras la caída del Bifrost y el derrumbamiento del puente del arco iris. Debido a su tensa relación y a la desconfianza de Heimdall hacia el dios del engaño, ambos se enzarzaron en una larga batalla. Se batieron en duelo, igualados, hasta que ambos dioses se mataron. El reinado del dios del engaño había terminado, pero también uno de los dioses más importantes de Asgard.

Freyr y Surtr

Tras la muerte del amado supervisor de Asgard, Freyr luchó contra el líder de los Gigantes de Fuego, Surtr. El dios de la fertilidad luchó valientemente contra su enemigo, pero su fuerza y su espada no fueron rivales para el Gigante de Fuego. Después de matar a Freyr, los cielos brillaron con una luz roja carmesí en lugar de los cielos oscuros anteriores. Un dios más había caído.

La caída de Thor y la Serpiente

El último dios en caer fue Thor, lo que supuso el clímax del Ragnarok. Los eternos enemigos Thor y Jormungand se enfrentaron en una batalla final a muerte. Mientras Odín luchaba contra Fenrir y caía, su hijo mayor Thor luchaba contra la serpiente. Thor aplastó repetidamente su martillo Mjolnir contra el cráneo de la serpiente mientras esquivaba los gases venenosos y el veneno de Jormungand. Después de tantos golpes, la serpiente yacía muerta frente al dios del trueno. Thor, muy golpeado y con la sangre cargada de veneno, se tambaleó durante nueve pasos antes de caer muerto él también.

Tras la caída de Thor, cayó abatido el Gigante de Fuego. Antes de su inevitable muerte, lanzó una última bola de fuego contra Midgard. La bola de fuego abrasó todo a su paso en la tierra restante.

El nuevo reino

Tras el fin del Ragnarok y de las duras batallas, los reinos se derrumbaron sobre sí mismos. El trabajo de la creación inicial se deshizo por completo, y lo único que quedó fue el abismo Ginnungagap. O eso parecía.

Los supervivientes de las llanuras de Ida

Las deidades supervivientes juraron crear un mundo nuevo y mejor a partir de los escasos restos del abismo que sobrevivieron. Donde Surtr había lanzado su bola de fuego y calcinado todo a su paso creció una nueva vegetación exuberante y verde. Las Llanuras de Ida eran el nuevo reino y rebosaban de vida. Los animales volvieron a la anterior zona de destrucción.

Entre las deidades supervivientes estaban los hijos de Odín y Thor: Vidar y Vali, los hijos del otrora gran Odín, y Modi y Magni, los hijos de Thor. El amado dios Baldr y su hermano Hodr emergieron de Hel. Tras su resurgimiento, se pusieron manos a la obra para crear las Llanuras de Ida.

Los dos mortales restantes se llamaban Lif y Lifthrasir, que lograron escapar del paisaje infernal de la batalla entre monstruos y dioses. Lif, el mortal varón, y Lifthrasir, la mortal hembra, repoblaron las Llanuras de Ida y produjeron una nueva raza de hombres buenos y justos.

Conclusión

Aunque el fin del mundo era oscuro y aterrador, el tema que los vikingos querían recalcar era el de la impermanencia. Nada permanece igual; la única promesa de la vida es que fluye y refluye constantemente.

El panteón nórdico sigue inspirando la vida de los seres humanos. No importa el medio, ya sean videojuegos, libros o películas, el panteón sigue dominando el género fantástico. La presentación de los dioses y las criaturas que encontraron, para bien o para mal, sigue inspirando a otros a seguir la tradición de contar historias. Contar historias es parte integrante de la condición humana; es un don que se sigue demandando. Desde nuestros antepasados hasta las generaciones futuras, la capacidad de contar una buena historia, independientemente de la fuente inicial, continuará hasta que nos encontremos con nuestro propio Ragnarok.

Referencias

Britannica, T. Editors of Encyclopaedia (8 de julio de 2021). Loki. Encyclopedia Britannica. https://www.britannica.com/topic/Loki

Christensen, C. (s.f.). This is Why Odin Sacrificed His Eye in Norse Mythology. *Scandinavia Facts*. Extraído el 17 de julio de 2022, de https://scandinaviafacts.com/this-is-why-odin-sacrificed-his-eye/

Dan. (s.f.-a). The Binding of Fenrir. *Norse Mythology for Smart People*. Extraído el 18 de julio de 2022, de https://norse-mythology.org/tales/the-binding-of-fenrir/

Dan. (s.f.-b). The Kidnapping of Idun. *Norse Mythology for Smart People*. Extraído el 18 de julio de 2022, de https://norse-mythology.org/tales/the-kidnapping-of-idun/

Greenberg, M. (30 de noviembre de 2020). *War Between the Aesir and Vanir Gods: The Complete Guide*. https://mythologysource.com/aesir-vanir-war/

Greenberg, M. (16 de febrero de 2021). *Vanir Gods and Goddesses: Read this Complete Guide (2022)*. https://mythologysource.com/vanir-gods-and-goddesses/

Groenveld, E. (2 de noviembre de 2017). *Norse Mythology*. World History Encyclopedia. https://www.worldhistory.org/Norse_Mythology/

Hanson, M. (27 de octubre de 2016). *Norse Mythology Facts and Information | English History*. https://englishhistory.net/vikings/norse-mythology/

Hirst, K. (2 de febrero de 2019). *The Myth of Ragnarok: Folk Memory of an Ecological Disaster?* ThoughtCo.

https://www.thoughtco.com/ragnaroek-norse-myth-4150300

Liam. (21 de enero de 2022). The Creation Myth of Norse Mythology (The Nine Realms). *Norse Mythology & Viking History*. https://vikingr.org/norse-cosmology/norse-creation-myth

Loki | Mythology, Powers, & Facts | BritannicaA. (s.f.). Extraído el 11 de julio de 2022, de https://www.britannica.com/topic/Loki

Mark, J. J. (20 de diciembre de 2018). *Nine Realms of Norse Cosmology*. World History Encyclopedia. https://www.worldhistory.org/article/1305/nine-realms-of-norse-cosmology/

Mark, J. J. (10 de septiembre de 2021a). *Idunn*. World History Encyclopedia. https://www.worldhistory.org/Idunn/

Mark, J. J. (21 de septiembre de 2021b). *Ten Norse Mythology Facts You Need to Know*. World History Encyclopedia. https://www.worldhistory.org/article/1836/ten-norse-mythology-facts-you-need-to-know/

McCoy, D. (s.f.-a). *Bragi—Norse Mythology for Smart People*. Extraído el 9 de julio de 2022, de https://norse-mythology.org/gods-and-creatures/the-aesir-gods-and-goddesses/bragi/

McCoy, D. (s.f.-b). Daily Life in the Viking Age. *Norse Mythology for Smart People*. Extraído el 9 de julio de 2022, de https://norse-mythology.org/daily-life-viking-age/

McCoy, D. (s.f.-c). *Norse Mythology for Smart People—The Ultimate Online Guide to Norse Mythology and Religion*. Norse Mythology for Smart People. Extraído el 9 de julio de 2022, de https://norse-mythology.org/

McCoy, D. (s.f.-d). Tales. *Norse Mythology for Smart People*. Extraído el 9 de julio de 2022, de https://norse-mythology.org/tales/

McCoy, D. (s.f.-e). The Aesir Gods and Goddesses. *Norse Mythology for Smart People*. Extraído el 9 de julio de 2022, de https://norse-mythology.org/gods-and-creatures/the-aesir-gods-and-goddesses/

McCoy, D. (s.f.-f). The Aesir-Vanir War. *Norse Mythology for Smart People*. Extraído el 9 de julio de 2022, de https://norse-mythology.org/tales/the-aesir-vanir-war/

McCoy, D. (s.f.-g). The Vanir Gods and Goddesses. *Norse Mythology for Smart People*. Extraído el 9 de julio de 2022, de https://norse-mythology.org/gods-and-creatures/the-vanir-gods-and-goddesses/

McKay, A. (19 de julio de 2018). *Creatures in Norse Mythology*. Life in Norway. https://www.lifeinnorway.net/creatures-in-norse-mythology/

Norman. (14 de febrero de 2009). *The Origins of the Norse Mythology*. The Norse Gods. https://thenorsegods.com/the-origins-of-the-norse-mythology/

Ragnarök | Scandinavian mythology | Britannica. (s.f.). Extraído el 17 de julio de 2022, de https://www.britannica.com/event/Ragnarok

Scott, J. (3 de diciembre de 2020). *A Beginner's Guide to Norse Mythology*. Life in Norway. https://www.lifeinnorway.net/norse-mythology/

Sutherland, A. (2 de enero de 2016). *The Golden Apple Myth And Norse Goddess Idun*. Ancient Pages. https://www.ancientpages.com/2016/01/02/the-golden-apple-myth-and-norse-goddess-idun/

Sutherland, A. (10 de abril de 2018). *War Between The Aesir And The Vanir Gods In Norse Mythology*. Ancient Pages. https://www.ancientpages.com/2018/04/10/war-between-the-aesir-and-the-vanir-gods-in-norse-mythology/

Sutherland, A. (6 de mayo de 2018b). *God Of The Gallows And How Odin Hanged Himself From Yggdrasil To Know Secrets Of Runes*. Ancient Pages. https://www.ancientpages.com/2018/05/07/god-of-the-gallows-and-how-odin-hanged-himself-from-yggdrasil-to-know-secrets-of-runes/

Sutherland, A. (30 de junio de 2018c). *Norse Goddess Sif Who Lost Her Golden Hair Due To Loki's Evil Deed*. Ancient Pages. https://www.ancientpages.com/2018/06/30/norse-goddess-sif-who-lost-her-golden-hair-due-to-lokis-evil-deed/

The Binding Of Fenrir – Myths And Legends. (5 de julio de 2020). https://mythsandlegend.com/binding-of-fenrir/

World History Edu. (24 de junio de 2020). 10 Major Norse Gods and Goddesses in Norse Mythology. *World History Edu*. https://www.worldhistoryedu.com/10-major-norse-god-and-goddesses-in-norse-mythology/

World History Edu. (8 de julio de 2021). Ragnarök in Norse Mythology: Meaning, Summary, & Cause. *World History Edu*. https://www.worldhistoryedu.com/ragnarok-norse-mythology/

www.ingramcontent.com/pod-product-compliance
Lightning Source LLC
Chambersburg PA
CBHW071115120626
46546CB00003B/1346